受験のシンデレラ DVDブック 映画版

中学レベルから東大合格を叶える方法

この映画『受験のシンデレラ』は私の長年の夢だった映画監督デビュー作です。17歳で映画監督を目指し、30年かかって実現したものなので、自分がそれまでの人生で学んできた中で、最も訴えたかったことをぶつけたつもりです。それは、“正しい方向で努力すれば夢は叶う”ということです。

学生時代、映画監督になろうと努力しましたが、その努力が間違った方向だったので実現しませんでしたが、学生時代に映画のテクニックを現場で学んだので、第一作では、撮影日数も予定通りで、モナコの映画祭でもグランプリを戴きました。この話のストーリーは、私が“緑鐵受験指導ゼミナール”という志望校別の通信受験指導で、無名校の生徒を何人も東大に合格させた経験から作り上げたものです。絵空事のような話な分だけ、受験指導や、がんの緩和ケアなどの部分は思い切りリアルに、現在でも通じる形で描いたつもりです。

主人公の遠藤真紀と同じ成功を、映画を観た人に実践してもらうために、真紀の使った受験計画表（絶版になったものは差し替えています）と、映画ではその一部しか紹介されなかった受験の要領カードをすべて、このDVDブックの付録として公開することにしました。受験生だけでなく、身内に受験を考える方がいるすべての方に役立てるものと信じています。「自分を信じて」栄冠を勝ち取ってください。

和田秀樹

『受験のシンデレラ』が明かす
東大合格までの【受験の要領】38箇条

要領 その1

まずは自分の
スタートレベルを知れ！

いくらゴール（志望校）が決まっていても、スタート地点が決まっていなければ受験勉強は進められない。

とくに英語や数学のような積み上げ型の教科は、中学時代の基礎がシッカリしていなければ、どれだけ参考書と格闘しても時間の無駄だ。高校基礎レベルで手こずっているひとは、思い切って中学レベルまで戻って勉強したほうが、そのあとの勉強が効率よく進んで、最終的な伸びもはるかに大きくなる。

国語や社会などは、ある程度の読解力があれば、中学レベルまで戻る必要はない。教科書を使って基礎固めをしよう。

どうしたらスタートレベルがわかるんですか？

受験までまだ時間の余裕があるようならば、中学レベルの参考書を使って、「総復習」するのもひとつの手だ。

全部カンタンに解けちゃって意味がないかも…？

たとえ内容がほぼ理解でき、スムーズに解けたとしても、その時間は無駄ではないよ。英単語や計算力など、キミの思わぬ“穴”を埋めてくれ、基礎力は確実に強化される。それに、自信にもなるしね！

なるべく回り道を避けたい場合はどうすれば？

『新・受験勉強入門　勉強法マニュアル』に掲載されているスタートレベル・チェックをやってみよう。判定結果にあわせて、どの参考書を使って、どのような勉強をすればよいのかを細かく紹介しているので、そのあとの受験計画の参考にもなるよ。

「ほとんどの受験生は、自分のスタートレベルがわからないまま無理して受験勉強をはじめるから自滅するんだ」

要領
その2

解き方のパターンを多く持て。考える道具をたくさん身につけろ！

映画にも出てきたが、数学が解けないのは問題のパターンを知らないからだ。公式や定理を覚えるだけでは足りない。問題と、その問題を解くのに必要な解法パターン、解法の流れを身につけよう！

数学が苦手なひとにとって、「どのようにしたら解けるのか」と試行錯誤するのは大変な作業だ。ひとつの問題に1時間かけて取り組んでも答えにたどり着けないこともある。

それなら、解法をどんどん覚えていったほうが効率的だ。なぜなら、入試問題の7〜8割は、典型的な解法パターンを組み合わせて解く問題で構成されているのだから。

解法を覚えるって、具体的にはどうすればいいんですか？

問題を5分考えて解けなければ、すぐに模範解答を見るんだ。

解答を丸暗記かあ、できるかなあ…。

丸暗記ではない！　解答を見ながら、なぜそうなるのかを考えて頭に入れていくんだ。

なるほど。解けない問題でも、解答を見ながらだと解き方がわかりますね。

その通り！　答えの導き方がわかったとき、それが解法を理解したときだ。あとは、その「解法」を、覚えた通りに使えるかをシッカリ復習し、「自分のもの」にしよう！「暗記数学」を徹底的に身につければ、数学のセンスや才能がなくても、数学を頼もしいポイントゲッターにすることができるぞ！

「いかに考えたかより、どれだけ考えるための道具を持ってるかだ！」

要領
その3

受験勉強は時間ではなく、“量”でするものだ！

受験では考える道具（＝知識）をたくさん身につけた者が勝利する。同じ3時間でも、5ページしか進まないのと、10ページ進むのでは、後者のほうが倍の知識を得たことになる。どれだけの時間勉強したのかより、どれだけの量を勉強したのかが大事なのだ。そのため、短時間でたくさん進められる「要領のよい勉強法」が重要になってくる。

計画を立てるときも、「数学2時間、英語1時間」ではなく、「数学青チャート例題○～○」「英語　教科書予習・和訳」のように、必ず時間ではなく項目で書き出そう。量を把握することが大切だ！

項目で計画を立てると、その日のうちに終えられず、計画倒れになってしまいませんか？

勉強をはじめたばかりの頃は、まだペースがつかめていないから、もちろんそういうこともある。そんなときは、やり残したことを翌日の最優先ノルマとして最初に終わらせよう。

それをくり返していると、どんどん計画が遅れてしまうのですが…。

慣れないうちは計画は1週間ずつ立てるといい。そのとき、最後の1日は「予備日」として、遅れを取り戻すために空けておくと調整がきく。続けていると、1時間でできる量がつかめてくる。

もしノルマが早く終わったら遊んでも…？

うん、それをモチベーションにしてがんばろう。気分がノッていたら、翌日のノルマを減らしてもいいぞ。

「3時間勉強して3問しか進まなければ、1時間勉強して5問進む人間に勝てない。ものをいうのは3時間か1時間かでなく、3問か5問かだからだ」

要領
その4

復習を重視しろ！「残らない」勉強は無意味だ！

どれだけ短時間で多くの勉強量をこなしても、それが頭に残っていなければ、点には結びつかない。要領よくスピーディにこなすこと、くわえて、それを残す復習をくり返すことが肝要だ。

復習の回数が増えるほど、記憶の定着率は上がる。復習にかける時間が惜しいというひともいるかもしれないが、新しい範囲を勉強する予習に比べると、復習は時間がかからない。スキマ時間をうまく使って、「くり返しの復習」を徹底しよう。

和田式では、「翌日の復習」→「1週間後の復習」→「1か月後の復習」をして、覚えたことを徹底的に残すよう指導している。

人間の脳には、一時的に情報を保管する「海馬」という部位がある。海馬は必要と判断した情報のみを「側頭葉」に送り込み、必要ないと判断したものはいずれ消えてしまう。

え～と、忘れてしまうということですか？

その通り！　復習により同じ情報を海馬に送り込むことにより、その情報を「必要」だと判断させることが重要なんだ。

「翌日」「1週間後」「1か月後」という復習の時期にも理由があるんですか？

最近の脳科学の研究により、海馬の情報保管期間は約1か月だということがわかってきたんだ。「1か月後」に復習するのは、保存期限ギリギリにもう一度脳に「必要」だと思わせようということだ。さらに、「エビングハウスの忘却曲線」というグラフがあり、これによると…。

わ、わかりました！　根拠があるんですね！

「相当記憶力がよくない限り、人間なんてものは一回やっただけで覚えるものではない」

要領
その5

ノートはけちけち使うな。考えたこと、気付いたことは全て書き込め。

シッカリ書き込まれたノートは、復習の強力な武器になる。ノートを見れば、そのときのことがリアルに「再現」できる。そうなれば理解も進むし、記憶にも残りやすい。

授業のノートには、教師が口で説明したことをどんどん書き込む。板書には「ポイント」しか書かない教師も多いので、「写すだけ」では意味がない。余計に思える“枝情報”も残しておくとよい。

参考書を解くのに使ったノートには、気付いたことや考えたこと、計算の途中過程などを書き込む。間違った計算式なども消しゴムで消さず、残しておくことで「ミスした箇所」を意識して復習できる。

現役生にとっては、「授業で理解したことを復習して覚える」のがもっとも理想的な勉強の進め方だ。キミのノートは、授業を「再現」できているかな？

板書は全部写してるし、重要なところは色分けしてあるからポイントはわかるんですが…。

ポイントはあとから教科書や参考書を見てもわかる。それより、どうしてそこが重要なのか、その説明を残しておいたほうがいいね。だから板書だけでなく、先生の言った冗談まで全部書き込むんだ。

「？」と書いてあるところもあるけど、今ノートを見返すと、何がわからなかったのかが、自分でももうわかりません。

ノートはポイントを整理してきれいにまとめるものではなく、勉強の記録だ。ここを学んだときに、キミがどう考え、何を疑問に思い、どのように理解したのか。次からはそれを意識してノートを取ってみよう！

「ノートは脳の外部ハードディスクだ。関連情報を放り込んでおけば、脳のネットワークは自然に強化される」

要領
その6

消しゴムは使うな。間違えたところは次にも同じ間違いをする可能性がある場所。

間違えた箇所は消しゴムを使わずに線を引いて残しておこう。こうすることで、何が間違ったのか、どこで間違ったのかが残る。復習の際にいやでも目につくし、記憶に残りやすい。

同じ間違いを二度しないのは、受験の鉄則だ!

計算ミスをしたら、線を引いて×印をつけ、次の行からやり直す。英語の和訳を間違えたときは、間違えた部分を赤字で添削する。国語や社会の単語の書き写しミスも、基本的には覚えていないから間違えるのだと認識し、添削する。今すぐ実践してみよう!

ミスの痕跡がノートにある程度たまったら、ミスをしやすいポイントや、その原因を探ってみるといい。自分にとって何よりの復習になるし、ミスの原因がわかれば、ミス防止の対策も取れるからね。

ぼくは数学のケアレスミスが多いんですけど、ケアレスミスにも原因ってあるんですか？

ミスしやすいポイントはひとそれぞれだから一概には言えないが、うっかりミスにも一定のパターンはあるよ。

自分のミスの傾向を知れば、できるだけミスを避ける方法を取ることもできる。さっそく、ミスした部分を書き出して、その対策を考える「ミスらんノート」を作ってみよう！
（「ミスらんノート」についての詳細は『ケアレスミスをなくす50の方法』を参照）

「手っ取り早く成績を上げるには、ケアレスミスをなくすのがもっとも効果的で労力もかからない」

要領
その7

辞書は徹底的に汚せ！使えば使うほど自分の力になる。

意味のないもの、理解できないものほど、覚えにくくて忘れやすい。これは、認知心理学でも実証されている。では、どうすればいいのだろうか。「丸暗記」をやめて、「意味や理解をともなう暗記」を重視すればいいのだ。

辞書を引くのは、単語の意味を知るためだが、それだけではもったいない。辞書には語源や例文など、貴重な情報がつまっている。これらに目を通すだけでも単語についての理解が深まり、記憶が定着しやすい。大切な部分には赤ペンなどでラインを引き、より目に留まるようにすればいい。つまり、辞書は汚したほうが頭に残る！

【要領その2】の「暗記数学」に似ていますね。

そう、あれは理解をともなう暗記、すなわち「理解型暗記」の典型例だ。「なぜこうなるのか」を理解しているから、英単語や歴史の年号などにくらべて覚えやすく、忘れにくい。

英語や歴史でもそれができるんですか？

英単語は、辞書を引いたときに例文や同じ語からはじまる関連語に一通り目を通すだけでもかなり違うよ。歴史も、流れや時代背景、因果関係などを理解すれば、グンと覚えやすくなる。苦手なひとは、流れを重視した参考書やマンガで大枠をつかんでから、出てきた重要単語を用語集で確認してみるといいだろう。

マンガでもいいんですか？

流れをつかむ分には問題ないよ。ただ、脚色されていたり、教科書とは違う解釈をしている場合も多いから、あくまでも大枠をつかむものとして利用するように注意しよう。

「覚えたことを忘れてしまうのは、“思い出す手がかり”となる情報を残していないからだ」

要領
その8

記憶用には
京大式カードを使え。
枝葉情報を書き込むほど、
受験に使えるカードになる。

3回目、4回目の復習でもなかなか覚えられない事柄が出てきたら、カード化しよう！　京大式と呼ばれるB6判（タテ約13センチ、ヨコ約18センチ）のカードが文房具店やネットで売られている。このカードに、1枚につきひとつの情報を書き込む。余白には、関連する例文や同意語など、そのときに気付いたことをなんでもいいので書き加えよう。これが暗記の助けとなる「和田式カード」だ。

カードができたら、“常に”携帯して、こまめに目を通そう。完全に覚えたカードは別の場所で保管し、余裕のあるときに見返すとよい。手元に残ったカードから、自分の弱点を見つけることもできる。

「和田式カード」の作り方のポイントがあったら教えてください。

出典名、単元名は一目でわかるように、どのカードにも同じ場所に書いておくと、見返すときにジャンルごとに分類できて便利だ。また、英語であれば「一文、一構文」、数学であれば「問題文を丸ごと」書き写そう。

丸ごと全部ですか？

そのための大き目サイズだ。そこに、重要事項や「忘れてはいけないこと」、「正しい訳」を書いて、何度もチェックしよう。チェックのたびに、つまずいたところには書き込みをくわえていこう。

できました！

数学の図形問題は、なるべく大きくわかりやすく図を描き込むほうがいいね。あとはバッチリだ！

「1回復習をするだけで定着度が違う。そして、それでも間違ったところをもう一度やる。そうすりゃ、やった分だけできるようになる」

要領
その9

勉強する環境を作れ。自室がダメなら外へ出ろ。

自分の部屋を見回してみよう。勉強をするのに適した環境になっているだろうか。手の届くところにスマホやマンガはないか？

いくら意志が強くとも、長時間勉強を続けていると、誘惑に負けてしまいそうになるときはある。受験生になったら、自室を勉強モードに切り替えておこう。それでも集中できない場合は、思い切って場所を変えるのもいい。家の中であれば、トイレや風呂、ベランダなど、外へ出られるときは図書館や自習室、喫茶店などでもいい。

じっとしていると飽きてしまうひとは、音読したり、歌ったり、歩き回ったり、書きなぐったり、体を動かしながら勉強しよう。

私自身も、受験生のころは、何かを覚えるときは部屋の中を歩き回って、ブツブツ声に出したりしていたものだよ。

ぼくは、紙に書いて覚えるようにしています。

それも、効果の高い暗記法だね。試験本番で用語を正確に書く必要のある歴史科目などは、声に出すより、書いたほうがいい。そのために使える裏紙を大量に用意しておくのも、「勉強する環境作り」のひとつと言えるね。

そういえば、日本史の試験で漢字を間違えて×をくらったことがあったなあ。ところで和田先生、「歌ったり」っていうのは…？

語呂合わせの替え歌のことだよ。たとえば、中国の王朝名を「もしもしカメよ」のメロディで歌って覚えるというのを聞いたことはないかい？

殷《いん》、周、秦《しん》、漢、三国、晋、南北朝、隋、唐、五大…わっ、本当だ!!

「夏場になって暑くて家で勉強できないようなら、図書館やカフェへ行け。悪い環境で無理をすることはない」

要領
その10

「こまぎれの時間」を無駄にするな。5分だけでも復習はできる。

短いスキマ時間にこそやるべき勉強もある。「単純暗記もの」と「復習」だ。【要領その7】で、「理解型暗記」を重視しようという話をしたが、受験ではどうしても「単純暗記」しなければならないものもある。英単語や英語構文、歴史用語など、背景や流れをつかんだあとは、どうしたって覚えるしかない。こういう単純暗記ものに限っては、量ではなく時間で区切ったほうが効率がよい。短い時間で単語を覚え、それを、スキマ時間ができるたびに何度もくり返す。

【要領その8】で紹介した「和田式カード」も、スキマ時間に見返すのにピッタリだ。短い時間を有効に使おう！

部活が忙しくて、まとまった勉強時間が取れません。親からも部活を辞めるように言われてしまいました…（泣）。

キミが部活を楽しんでいて、辞めたくないと思っているのであれば、辞めないほうがいい！

でも、家に帰ってからだと体が疲れていて…勉強に集中できません。

では、楽しい部活を辞めたら、部活をしていた2～3時間、ずっと集中して勉強ができると思うかい？

……思いません。

たっぷり時間があると、ついダラけてしまうのが人間だ。それに、運動部でハードに部活をしていた学生は、3年生で引退してからグンと伸びることも多い。生活にメリハリをつけ、勉強時間では長さより密度を大事にするんだ！

「私、時間管理能力には長けてますから！」
（バイトを増やして受験勉強は大丈夫なのかと心配するバイト先の責任者に向かって真紀が放った一言）

要領
その11

受験勉強は積み木ではなく、ぬり絵である。

「積み上げ型」の教科は中学時代の基礎が大切だと述べた。もし、ある程度の基礎学力が身についている自信があれば、基礎の次に応用、そのあとに入試レベル……と必ずしも順を追う必要はない。また、基礎がなくてもできる科目については、どんどん入試レベルの問題集にチャレンジしたほうが無駄な時間が省け、実力がつく。

つまり、順番に積み上げる発想より、与えられたぬり絵（受験計画）をひとつずつぬりつぶすほうが、ゴールに近づけるということだ。

勉強をしていて、デキないことを見つけたら落ち込まず、ラッキーだと思おう。ぬり残しを見つけ、そこをつぶすことができたのだから。

ぬり絵をするときに気を付けるのは、どんなことだと思う？

はみ出さないことと、ぬり忘れをしないこと…でしょうか。

そうだね。受験だって同じこと。必要のない分野まではみ出して勉強するのは時間の無駄だし、デキないことに気づかないままぬり忘れてしまうのも一大事だ。だけど、いちばんは「いい加減なぬり方をしない」ということだ。

丁寧にぬる…つまり……ん？

復習が肝心だということだ。問題集を解いて、8割くらい解けたら喜んで先に進む人がいるが、これはいけない。解ける問題を解けると確認しただけでは、レベルアップできないからね。デキなかった2割を完璧にぬり上げてこそ、その問題集をやった甲斐があるというものだ。

「答えを読んでわかるのなら、入試レベルの問題のやり方をどんどん覚えたほうが賢いのは当然のことだ。ぬり絵のつもりで、この計画表を埋めろ」

要領
その12

受験勉強では常に時間と得点のコストパフォーマンスを考えろ！

受験は、ぬり絵。どこからぬりはじめてもいいと言っても、あまりに自分のレベルとかけ離れた参考書をやると、膨大な時間がかかるだけでなく、効果も出にくい。まずは、かけた時間の分だけ効果がありそう（＝点数が伸びそう）なことからやっていくのが鉄則だ。やみくもに勉強するのはコストパフォーマンスが悪すぎる。

受験科目ごとにコストパフォーマンスが違う。誰でも一定の得点ラインまでもっていきやすいのが英語。得意なら満点も可能だが、苦手なら6割前後で止まる数学。仕上がるのに時間がかかる日本史……など、科目の特性を見きわめて計画するのも戦略のひとつ。

国語が不安なので、現代文の参考書からはじめることにしました。

ちょっと待って！　それは本当にコストパフォーマンス（費用対効果）のいい選択だろうか？

ぼくは漢文が苦手なので、まずは復習からはじめて、授業に追いつけるようになってから参考書に取りかかったほうがいいかと思ったのですが…。

不安だからと現代文に力を入れるのは、リスクが高い。現代文は時間をかければ確実に伸びるという保証がない。それよりも、確実に点数に結びつく、古文や漢文をシッカリ押さえることを優先したい。とくに漢文は1～2か月の短期間で入試レベルまで仕上げられるよ。

科目によって、そんなに効果が違うんですか？

難しいだろうが、そこを見きわめて勉強することが、逆転合格が狙えるポイントでもあるぞ！

「受験勉強は、かけた時間分だけ点が取れたヤツが受かるし、時間をかけた割に点につながらないヤツが落ちる。だから完全主義者の連中は、勝手に落ちて行く」

要領
その13

完全主義に陥るな。合格最低点をクリアできれば、合格は勝ち取れる！

　大学入試では、基準点が設けられていない限り、受験教科すべての合計点数が合格最低点を上回れば合格する。つまり、どの科目で何点を取るかは、実は関係ない。苦手な数学が0点であっても、残りの教科の合計が合格最低点を超えていればいいのだ。

　コストパフォーマンスを考えるうえで、いちばん大切なのが「完全主義からの脱却」だ！

　どんなに得意な教科でも、満点を取ることは難しい。「合格点が取れればいい」と割り切って、ある程度仕上がったなら、別の科目に時間をかける。これも、受験の大切なテクニックだ。

合格最低点をクリアするために、どの科目に力を入れるのか、それを決めるのが難しいです。

【要領12】で述べた科目ごとの特性以外にも、目安になるものがある。志望校の入試データだ。

その情報はどこで手に入るんですか？

赤本の「大学ガイド」のほかに、大学の公式ホームページや、旺文社の「パスナビ」というホームページ（http://passnavi.evidus.com/）が参考になるよ。最新のデータを得るように注意して調べよう。

個別試験の科目は、大学や学部によって違うんですね。

そうなんだ。それに、センター試験で英、数、国、理、地歴・公民が必要でも、個別試験は英、数、国のみという大学もあれば、国語と地歴・公民がなく、英、数、理だけという大学もある。苦手科目を回避して、レベルの高い大学を狙うのもひとつの手だ。

「苦手科目があって、それが合格点に達しなくても、得意科目で埋められれば合格する」

要領
その14

英単語は文章問題で極力覚えろ。単語集はあくまで補助的なものとして使え。

英単語は単独で覚えるより、文章中で辞書を引きながらのほうがはるかに記憶に残りやすいし、試験で「使える」ものになる。ただし、『受験のシンデレラ』の主人公・真紀のように基礎がない場合は別だ。【要領その1】でも述べたように、英語は積み上げ型の教科。中学レベルの基礎力は、スタートの段階で必要だ。基礎のない段階から文章中で単語を覚えようとすると、時間がかかりすぎる。まずは中学レベルの英単語をシッカリ覚えなければならない。

そのため、真紀がある程度レベルアップしたこのタイミングで、この要領が出てきた。キミはどうだろうか？

和田先生！　英文法も中学レベルは終わったし、英単語もある程度、覚えたはずなのに、さっぱり長文問題が解けません……（涙）。

英単語や英文法というのは、入試に出るような長文の中でどのように使われるかを知らないと意味がないものだ。基礎レベルが終われば、長文はある程度読めるはずだが、その中で知らない単語を覚えていけば、生きた単語が覚えられ、設問を見て、どこが大事なのか、どのような文法事項が問われるのかを知ればいい。

長文はどうにか読めるのですが、時間がかかりすぎて、試験のときは時間切れになりそうです（汗）。

だから、読み慣れが必要なのだ。今は東大でもセンター試験でも長文がたくさん出る出題形式だから、英文処理能力が勝負になる。

「最低限の単語と文法を覚えたら、あとはひたすら英文を読む。読みながら覚えた単語ほど、忘れにくい。そこからこぼれた単語を最後に拾うのが単語集の役割だ」

要領 その15

記憶重視の科目でも問題集をやれ。

社会科などの暗記科目では、学校の定期テストでは高得点が取れるのに、模試だと点数が取れないというひとがいる。この理由は、定期テストの目的が「覚えているかの確認」で、模試が「覚えた知識を使って、問題を解けるかどうか」を重視している点にある。

カードや参考書を使って覚えることばかりに時間を費やして、覚えた知識を使って問題を解くトレーニングをしないと本番では勝てない。ある程度知識をインプットしたら、実戦演習を重視したアウトプットトレーニングに切り替えよう。問題を解きながら、知らなかったことを覚えていくスタイルの勉強法だ。

覚えたことをアウトプットするのは、記憶の定着にもつながる。問題集を解くほかにも、教師をつかまえて説明を聞いてもらうのも有効なトレーニングだ。

えっ、わからないところを質問するんじゃなくて、説明するんですか？

いきなりキミが講義をはじめたら教師も驚くだろうが、「ここの部分はこれこれこういう解釈で大丈夫ですか？　あれとこれはこういう関係で、こうなっているんですよね？」というように質問＆確認の形にすればいい。どうしても理解が不安なときの奥の手だ！

社会科以外にも、古文や漢文でも使えそうですね。

そうだね。古文、漢文は覚えることが少ないので、インプットにも時間がかからない。半分程度覚えたところでアウトプットトレーニングに移行して、解きながら覚えていき、どうしてもわからないところを教師に聞いてみるといい。

「解かずに覚えると、暗記の洪水に押し流される。解いて覚えることでダムを作り、暗記資源を有効に活用する」

要領
その16

わからなかったことは、すぐに前の参考書に戻って調べろ。

今の自分の学力では理解できない、難しい参考書にいくら時間をかけて取り組んでも、何も頭に入らないばかりか、がんばっても理解できないことで勉強がいやになってしまう。モチベーションが下がると、ますます時間がかかり、成績も伸びない。

そういうときは、一刻も早くこの悪循環から抜け出すことが大切だ。わからないことが出てきて立ち止まってしまったら、とにかく「わかるところまで戻ってやり直す」しかない。それでもよくわからなかった場合は、誰かに聞くか、さらにやさしめの参考書に変えてみよう。

受験勉強は進むにつれてレベルが上がってくるが、そこまでにわからないところを残しておくと、それ以上のレベルの参考書や問題集をやっても、わかるようにならない。参考書は進まないし、問題集は答えを見ても、意味がわからないということが起こってしまう。

私もそんな状態になっているのかも……。

だったら、わかっていたところまで戻ることだ。そこからやり直せば、次のことがはるかに理解しやすくなる。場合によっては、数学は小学校の算数レベル、英語は中学校の文法レベルまで戻ることも必要だ。

でもそれでは時間が足りなくなりそうです（汗）。

わかるようになれば、進む速度も格段に速くなる。あとは、予備校の先生が話し言葉で書いたようなわかりやすい参考書や、解答の出来のいい問題集を使えば、わかる状態のまま次々進めるから、勉強時間の無駄もなくなる。そうすれば時間だって十分なはずだ。

「勉強をやる目的は、問題集を進めることではない。問題ができるようになることだ」

要領
その17

計画は遅れる可能性もあることを計算に入れろ。予備日を設けて、計画の遅れをなくせ。

和田式受験勉強では、1週間を5日としてスケジューリングする。まずは“進む勉強”を月～金の5日間に分配し、土曜日を借金（平日の遅れ）返済日、日曜日を週間復習日と位置付ける。毎日の勉強がすべて予定通り進めばいいが、順調に進まないときもある。土日にも勉強が進む予定にしていると、そうなったときに計画が総崩れになってしまう。「週5日制」はそれを防ぐのが狙いだ。

予定通り進んだ場合は、土曜日に復習をして、日曜日は一日遊べる。翌週に予定がある場合は、土日で翌週のノルマを“先取り”して貯金をつくるのもいいし、苦手科目を克服するのに使うのもいい。

この「週5日制」で気を付けてほしいのは、「土日に取り戻せばいい」と平日ダラけてしまうことだ。逆に、平日シッカリがんばれば、土日に遊ぶことができると気を引き締めよう。

1週間のノルマを、週によって変えてもいいんですか？

学校の行事や部活の試合などで、どうしても通常通りの予定をこなせないときは、最初から少しノルマを減らし、ほかの週で埋め合わせをするようにスケジュールを組むといい。ただし、忙しいからといって、減らしすぎると、せっかくの勉強ペースが乱れるので、増減は平均値±3割の範囲で調整しよう。

それでもキツいときはどうしたらいいですか。

スキマ時間を活用して、どうにかやっていけそうなら、そこは踏ん張ってほしい。“ちょっとキツイ”くらいなら、続けているうちに普通に感じられるようになる。どうしても無理なら、志望校の受験に必要のない課題はないか見直そう。

「計画を立てないのは、失敗する計画を立てるのと同じだ」

要領
その18

苦手科目にとらわれすぎるな。

入試本番では、たとえば数学が0点でも、残りの教科の合計が合格最低点を上回れば合格できる。苦手科目の克服に時間を割いて、ほかの科目に十分な時間が取れないのはもったいない。それならば、点が伸びる可能性の高い教科に時間を回したほうが、合格の可能性は高まる。

また、苦手科目の勉強はモチベーションが上がりにくい。苦手科目の克服にかける時間は、全体の3割程度にとどめておきたい。

東大入試の場合、苦手科目は最初から、「3～５割取れればよし」と決めて、力の配分をセーブするのも戦略だ。

自分では苦手だと思っていても、時間をかければ確実に伸ばすことができる科目もある。

どの科目ですか？

英語と数学だ。

えーっ!?　どちらも苦手な科目なので、なるべく勉強したくないのですが…。

英語と数学は、時間をかければ一定ラインまで伸ばすことができるし、一度実力がつくと、落ちにくい。和田式では、受験計画の前半に英語と数学を先行させ、後半に地歴や理科など短期集中で伸ばせる科目を勉強する【英数先行】を推奨している。苦手科目にとらわれすぎてはいけないが、コストパフォーマンスを考えれば、やったほうがいいこともある。英語は基礎に戻り、数学は自力で解けなくても、解法のストックを増やしていく。ただ、受験する年の夏休み以降は一旦見切って、理科や社会で点を伸ばせるようにシフトしてほしい。

「模試の結果で重要なのは、今、何点取れているかだ。合格可能性が100%だってなんの意味がある!? それは単なる予想にすぎない」

要領
その19

周りに流されるな！自分の実力を一番よく知っているのは自分自身。

受験勉強は自分の能力や特性に合わせて、自分の志望校に焦点を当てて進めるものだ。真紀のように周囲が講習を受けはじめたからといって、それに流されたり、焦ったりしてはいけない。

講習は、独学では伸びない科目、勝負したい科目など、自分の実力を見きわめたうえで受けるべきだ。とくにそういった科目がない場合は、自分ひとりで勉強したほうがよほど効率がよい。

親が心配して講習を勧めてくる場合もあるが、それに従うことはない。時間もお金も無駄になる。計画表を見せて、その分、必要な参考書を買いたいと交渉してみよう。

講習に限らず、受験勉強は周りに流されるひとから落ちていくものだ。志望校、志望学部、それに受験科目の選択など。周りに流されて決めることのないよう、自分を強く持とう！

みんなと一緒に勉強しないほうがいいんでしょうか。友達と距離を置いたりしたほうが……。

一緒に受験を目指す仲間がいるというのは、ときに強い力になる。わざと距離を置くようなことはしなくていい。だが、「みんな」に合わせようとするのはやめておこう。数は少なくてもいいから、本音でつきあえる友達を大事にしよう。

勉強会はしてもいいですか？

友達と集まって勉強会をするのは、気分転換になるし、刺激にもなるので、たまのことならいいだろう。わからないところを教え合ったりすることは、アウトプットのトレーニングにもなる。だが、長時間ダラダラ続けるのだけは厳禁だ！

「受身になるな！ 人生は自分で選択するんだ！」

要領
その20

問題を最初から解くな。できるものから取りかかれ。

試験中も、コストパフォーマンスを大事にしよう。

緊張している試験の本番で難問にぶつかるとパニックになりがちだ。なんとか解き終えることができたとしても、時間を取られてしまい、最後の問題までたどり着けなくなってしまう。

まず最初に、設問にざっと目を通そう。設問を先に読んでから問題文を読めば、読みながらポイントをチェックすることができるし、「デキそうな問題」「難しそうな問題」を余計な時間を使わずにより分けられる。「デキそうな問題」であれば、落ち着いて取り組めるし、時間にも余裕ができる。

でも、難問って、配点も高いことが多いですよね？

もちろん、できれば得点は高い。だが、30分かけて正解するかわからない難問1題と、カンタンに解けて確実に点が取れる問題3題だと、後者のほうが総得点が高いことも多い。残り時間を気にしながら、試験終了時間までに解けるかどうかわからない難問に取り組むより、見直しをしてケアレスミスをなくしたほうがいいとは思わないか？

がんばれば解けそうなときは…？

もう少し粘れば解けそうだという手ごたえがあるときは、解けるまでがんばるのもいい。ただしそれも、カンタンに解ける問題を先にやってしまったあとのほうが、焦らず取り組めていいだろう。

そうですね。私は焦るとミスもしやすいし…。

「どの科目でも、まずできる一問を探せ」

要領
その21

試験の前にヤマを張れ。ただし、自分が重要と思うところではなく、出題者の立場になって考えろ。

ヤマを張ることは、出題者が何を狙って出題するのかを読む、重要なトレーニングだ。出題者の立場になって、どの範囲から出してやろうかと考える習慣をつけよう。

自分のヤマがどうしても当たらないというひとは、教師に直接聞いてみるのもいい。直球で「どこが出ますか？」と聞いて答えてくれる教師はいないだろうが、「このあたりは大事だと思うんですが、どうでしょう？」というように探りを入れてみることはできる。顔に出やすい教師であれば、表情から読み取れることもある。ヤマ当てがうまい友人にコツを聞くのもいいだろう。

ヤマを張るって、そんな手抜きをしてもいいんですか？

手抜きじゃないぞ！　ヤマを張ることにより、試験範囲の重要な部分を見抜くことができるようになる。当たり前だが、重要でない部分は試験に出ない。どこが必要な部分なのかを見きわめて、必要ない部分の勉強に時間をかけないのは、これまでに何度も出てきた「コストパフォーマンスをあげる」ために有効な手段だ。

なるほど。じゃあ、ヤマ当てがうまいヤツっていうのは、その見きわめができているってことですね。

そう！　だが、学校の定期テストのヤマ当てが得意でも、模試や受験本番ではその力を発揮できないひともいる。人間観察が得意で、教師のクセをつかむのが上手なタイプがそうだ。試験を作る相手の顔が見えないと、力を発揮できない。そういう場合は、問題集などのアウトプットトレーニングをくり返して、判断基準をたくさん身につけよう。

「受験勉強の極意は“敵を知り己を知る”ことだ。敵を知ってヤマを張り、己を知ってヤマを乗り越える」

要領
その22

カンニングペーパーを作れ。自ずと暗記で重要な点が見えてくる。

カンニングペーパーを試験中に使うのは反則行為だが、試験の準備として作るのは問題ない。

試験のヤマ当てと同じく、試験に出そうなポイントを読むトレーニングにもなるし、書き出すことで重要なところが自然に覚えられる。

1枚にまとめることで、持ち歩きやすくなるので、【要領その8】で紹介した「和田式カード」と一緒に持ち歩き、いつでも見られるようにしておいて、スキマ時間に細かく復習しよう。記憶は、反復によってしか補強されない！

カンニングペーパーというよりは、要点をまとめたカードという感じですね。

確かに、試験に出そうなところをまとめただけで、実際にカンニングに使うわけではないから、そう言ってもいいかもしれない。だが、「カンペを作る」と思ったほうが、気合が入るだろう？

大きな紙やノートにまとめられないから、取捨選択が厳しくなるような気がします。

そこが大事なところだ！

「どこが出て、どこが出ないか。それがなんとなくでもわかるようになるのは、実力がついてきた証拠だ」

要領
その23

試験が終わったら必ず復習をして、解答を暗記しろ。

本番までに受ける試験で重要なのは、何点取れたかではない。できなかった問題を把握して、それをできるようにすることだ。

多くの模試は、受験の重要ポイントから出題される。試験が終わったら、帰りの電車でさっそく、配布された解答・解説を熟読しよう。試験を受けたその日のうちに復習するのが、もっとも記憶の定着率がよい。その好機を見逃すな！

帰宅したら、間違えたところを中心に見直しをして、できなかった問題を徹底的に覚える。1週間後にもう一度解きなおし、理解できているかどうか、覚えたことが残っているかをチェックしよう。

模試はできるだけ受けたほうがいいですか？

ほとんどの模試は日曜に実施される。【要領17】で出てきたように、和田式では日曜日は週間復習日としている。また、それだけでなく、息抜きや休息のための大事な時間でもある。あまり詰め込みすぎると受験計画が狂ってしまう。1、2年生のうちは、学校で強制的に行われる模試を受けておけば十分だろう。

3年生になってからはどうですか？

3年生の4月以降は、模試を受験勉強の中心にしてもいいくらいだ。秋まではまだ基礎力がついていない科目もあるので、自分の状況を考えて模試が必要か決めるようにしよう。

力がついていないと、「できなかった問題」ばかりになっちゃいますもんね。

模試では、“穴”を見つける以外にも、時間配分やマーク式の記入に慣れるのも大切だ。受けすぎもいけないが、控えすぎにも注意しよう！

「できなかった問題が、次にやったときにできるようにならなきゃ時間の無駄だ」

要領
その24

模試は捨てるな。最高の暗記教材になる。

各予備校が重要ポイントを分析して出す模試には、受験で重要な内容がつまっている。こんな貴重なものを捨ててしまうのはもったいない。【要領23】の通りに、帰り道、帰宅後、1週間後……と復習をすれば必ず実力が伸びる。さらに直前期にもう一度解いてみるといい。何が伸びていて、何が伸びていないのかの把握もできる。

良質な模試には、“受けずに買う”ほどの価値がある。重要な模試の日程が重なったときなど、申し込みだけして「問題」と「解答・解説」を入手しておこう。直前期に、最高の予想問題集・実践演習用教材として活用することができる。

わざわざ受けない模試を申し込むんですか？

これも、テクニックのひとつだよ。直前期には、過去問や予想問題集を解いて、最後の仕上げをする。しかし、赤本にのっている過去問は数年分だから、あっという間にストックがなくなってしまう。もちろん、過去に受けた模試をもう一度解くのもいいが、はじめて受ける模試のほうが気合いも入るし、実力を試されているという感じがするだろう？

確かに、何度も復習した模試よりも、はじめての挑戦する模試で結果が出たほうが自信がつきます！

直前期には、なるべく本番に近い実戦形式のトレーニングを積むのがいちばん効果的だ。先を見越して準備をしておこう！

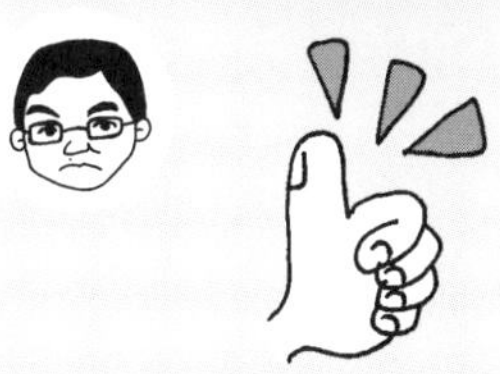

「模試の本当の価値をわかっている人は、合否判定のためだけに模試を受けるような愚かなことはしない」

要領
その25

模試の判定は気にするな。それよりも自分の計画の達成度を検証しろ。

模試の結果を見るときは“合否判定”よりも、どの科目で何点取れているのかに注目せよ。受験生の多くは判定を見て一喜一憂するが、暗記ものの仕上がりを後半にもってくる“英数先行型”の和田式受験計画では、早い段階の模試では結果が出にくい。

真紀は、はじめて受けた模試のE判定という結果を見て、受験を諦めかけるが、何がどれだけ足りていないか、どうしたら得点ギャップを埋められるのかを考えるのが受験勉強の真髄なのだ。全科目まんべんなく平均点を取っているひとよりも、伸びる余地が大きいととらえよう！

得点ギャップの見方を教えてください。

まずは、トータルの目標得点に「あと何点足りないか」を見る。次に、科目別目標得点に対するそれぞれの得点ギャップ、つまりは得点差を見る。そして、どの科目で「あと何点伸ばす必要があるか」を検討するんだ。

私の場合、国語では目標得点をクリアしていましたが、英語が20点、日本史が30点足りませんでした。

それがキミの得点ギャップだ。日本史はまだこれから追い上げる計画だから、予定通り。次の模試で伸びが確認できればいい。英語は今までの計画よりもう少し重点を置いて勉強するか、もしこれ以上伸びる余地がなさそうであれば、伸びの余地を見込める科目に上乗せできないか検討したほうがいいだろう。

国語にこれ以上上乗せするのは難しいので、英語の実力を底上げできるように計画を見直してみます！

「試験の結果を決めるのは、模試の成績ではなくて、本番で取れた点数だ」

要領 その26

自分の弱点を発見したら きちんと分析しろ。解決可能な弱点は 確実につぶせ。

判定同様、偏差値や順位を気にしてもなんの意味もない。計算ミスが多ければ、ミスの原因を探り、ミスをしないように心がける。英語で語彙《ごい》が足りなければ単語力を強化する。このように、解決可能な弱点を模試のたびに見つけて、それを解決していけるひとが、最終的には勝利をつかむ。

ひとには、勉強以外でもそれぞれ弱点がある。自らの弱点を冷静に分析し、それをなくしていくことは、将来、社会に出てからも必要なスキルだ。自分の弱点に目をつぶることなく、まっすぐに向き合う強さを、受験を通して身につけてほしい。

受講内容の概略

1. **カリキュラム作成・監修**　和田秀樹
2. **設置講座**　中高一貫コース(中1〜中3生対象)
高校生コース(高1〜高3生対象)／高卒生コース(高卒生、社会人対象)
医学部特別コース(高1〜高3、高卒生、社会人)
フルサポートコース(FAX・メール・電話・対面個別指導・自習室利用)
3. **指導講師**　東大合格者(東大生、院生、卒業生などを含む)
4. **指導内容**　❶個人別の志望校戦術・受験計画表の作成と毎月の宿題の設定 ❷参考書・問題集の選定と使い方に関する指導 ❸チェックテスト・実力テストの添削指導・弱点分析・勉強法の指導・計画修正 ❹勉強の悩み・不安に対するアドバイス、志望校情報の提供等
5. **募集定員**　定員・募集時期に限りがあります

※資料をご希望の方は下記項目にもれなくご記入の上、切手を貼ってご投函ください
(ネットからも資料請求できます→http://www.ryokutetsu.net)

住所	〒	
電話番号	(　　)	
ふりがな		**生年月日**
氏名	男 女	西暦　年　月　日 満　歳
学校	都道府県 [私立・公立]　[在・卒]	
現在の学年	中1・中2・中3・高1・高2・高3・その他(　　)	
第一志望校	大学　学部(文系・理系) ↑学部・文理の別まで明記	

■ **実際に大学受験する年** [　　] 年受験予定(西暦または元号どちらでも可)

■ **入試までに残された期間** → およそ [　　] か月

弱点をつぶす、これはひたすら復習や参考書のやり直しをするということですね！

キミもわかってきたね。散々述べてきたように、“穴”を発見してそれを埋める。そのくり返しが大切だ。

何度も間違ってしまう苦手な部分は、【要領その8】で出てきた和田式カードを作って、徹底的に覚える。ミスが多ければ、【要領その6】で出てきた「ミスらんノート」を作る。理解できていなければ、わかりやすい参考書を探す。…で大丈夫ですか？

バッチリだ！

「完璧に仕上がった状態で本番を迎える受験生はひとりとしていない。それでも受かるのは、自分の弱さと正面から向き合い、克服する努力を惜しまなかったからだ」

要領
その27

得意科目を伸ばせるだけ伸ばせ！苦手科目の負担が減る。

受験生の多くは、きらいな科目、苦手な科目を克服しようと時間をつぎ込む。しかし、【要領その18】でも述べたように、苦手科目にとらわれすぎるのは得策ではない。

合計点で合格を狙うのだから、その分、得意科目を伸ばすほうに力を注ごう。もしかしたら、入試レベルの模試を受けてみたら、自分の得意科目でも意外と点が取れないということがあるかもしれない。

学校の成績がいいというレベルでは、入試では勝負にならない。

しかし、得意科目は理解力も高く、少し勉強すればかなり伸びる。また、勉強をしていても苦痛ではないというメリットもある。

得意科目を伸ばせれば、その分苦手科目の負担が軽くなると思うと、ただでさえ楽しい得意科目の勉強がますます進みます。

「好き」というのは、「興味・関心がある」ということだ。自然と集中力も高まるし、知識も頭に入りやすい。だが、得意科目が超得意科目になったら、注意したほうがいい。

超得意科目…？

得意な科目にのめり込みすぎると、入試に必要ない高度な知識まで吸収したくなってしまう。歴史オタク、数学オタク、それ自体は悪いことではないが、入試に出ない余計な勉強に時間を取られ、ほかの科目の足を引っ張ることになったら、受験勉強としてはマイナスだ。伸びすぎた科目は「趣味」または、大学に入ってからの研究テーマとして、受験勉強とは切り離したほうがいいね。

「入試は団体戦だ。得意科目で大きくポイントを稼ぐ。苦手科目は最初から“引き分け狙い”でいい」

要領
その28

睡眠不足は受験の大敵。直前期でも12時には寝ろ。

直前期に入ると、「まだデキないこと」があれこれ目につくようになる。そうなると、いよいよ時間が足りないと気付いて、睡眠時間を削って勉強にあてようと考える受験生がいる。これだけは絶対にやめておこう。

睡眠時間が5時間を切ると、記憶力が大幅に低下すると言われている。せっかく睡眠を削った分の時間で勉強しても、それだけの効果を出すことができない。本末転倒だ。

自分の“睡眠適正時間”を知り、その時間はキッチリ休むことを最優先し、足りない勉強時間は、スキマ時間を活用しよう。

睡眠適正時間は、何時間ぐらいですか？

個人差があるので一概には言えないな。8時間寝ないとダメなひともいれば、6時間寝れば充分なひとがいる。

自分の適性時間を知る方法はありますか？

自分が何時間寝たときにいちばん調子が出るかを実験してみるしかないね。

あまり長い時間を睡眠にあてると、勉強時間が足りないように思うのですが…。

慢性的な睡眠不足は記憶力と思考力を低下させる。その分を勉強時間に回しても、結果的には勉強の効率を落とすことになる。これは受験に必要なことなんだと思い切って睡眠時間を確保して、足りない分はスキマ時間を徹底的に活用することで補おう。

「勉強時間が足りないと嘆くひとほど、密度の濃い勉強ができていない。勉強の密度を上げれば、使える時間がおのずと湧き出てくる」

要領
その29

志望校の問題は徹底的に分析しろ。出そうなところ、伸びそうなところに特化して、時間を有効に使え

志望校が決まっている受験生は、まず「行きたい大学」の入試問題を収録した“赤本”（教学社の『大学入試シリーズ』）を手に入れよう。受験計画は、志望校の入試にどの範囲が出題されるのか、どのレベルまで勉強しなければいけないのかを把握しないと立てられない。

映画では五十嵐が真紀に合った受験計画を立ててくれるが、現実ではそうはいかない。真紀が受けた模試の代わりに、赤本の過去問から合格最低点との得点ギャップを見つけ、それを埋めるために何が必要なのかを考えよう。

過去問は、最後の力試しのためにあるのではなく、課題発見のためにあると心得よ！

赤本というのは、入試直前になってから“力試し”するものだと思っていました。

そう考えている学生はけっこう多い。では、入試直前まで今までの勉強を続けたと想像して、赤本の問題を見てほしい。パラパラ流し見するだけでいいよ。

英語の長文ですね。ん…!?　も、問題文だけで4ページ以上…！　えっ、設問もこんなにたくさん…!?

なんとこの問題は、問題文と設問、選択肢をあわせると2,000語以上にもなる。どの大学でもこのような「超長文」が出るわけではなく、それぞれの傾向がある。だが、本番1か月前にはじめてそれを知ったのでは、とてもじゃないが対策が追いつかない。志望校に照準を合わせた計画を立てて進めるのがいちばんだ！

「どこの学校にでも入れる学力をつける必要はないんだ。東大の問題が解ければいい」

要領
その30

時には「丸暗記」も必要。わからないものを深追いするな。

映画の中で、「ここがわからない」とたずねる真紀に、五十嵐が「例外と書いてあるのだから、これだけ覚えればいい」と答えるシーンがある。

和田式では、基本的に丸暗記より理解型暗記を重視するように教えている。だが、ときには「わからなくても、これだけを覚えておけば点が取れる」と割り切って覚えてしまったほうが早いものもある。とくに英語ではよくある話だ。理解型暗記が身についていると、つい「どうしてそうなるのか」を考えたくなるが、『例外』でそれを考えるのは時間の無駄だ。深追いは禁物と思いとどまろう。

理解型暗記のほうが定着がいいといえど、どうしても「覚えなければ使えない」ものはある。中学レベルの英文法などが典型だ。例文を暗記して、それを使えるようになってはじめて受験勉強のスタートに立てる。

丸暗記をするときのコツってなにかありますか？

覚える必要のないものをまず最初にカットして、覚える事柄を厳選し、マメに復習することだ。

たとえば中学レベルの英文法でも、覚えなくていいものもあるんですか？

あるよ！　これから覚える必要のないもの、それは「すでに頭に入っているもの」だ。

え〜そんなの当然ですよ!!

“選別をする”という習慣のついていない受験生はけっこういるんだよ。これだけで暗記の負担はかなり軽くなるからやってみてほしい。

「例外と書いてあるのだから、これだけ覚えればいい」

要領
その31

苦手科目と課題科目にわけろ。

受験が迫ってくると、今まで以上に点が取れない科目が気になってくる。ここで大切なのは、“なぜできないのか”の分析だ。まだ勉強していない科目や単元は、これからの課題科目。やればやっただけ伸びる。

しかし、これまでもみっちりやってきたのに点が取れない科目は、残りの短い時間では伸びが期待できない。これが「苦手科目」だ。直前期になって、苦手科目に時間をかけるのはコストパフォーマンスの面からもお勧めできない。

課題科目の勉強に時間を費やし、苦手科目は取れるところだけやっていくというのが、受験終盤戦の貴重な戦術だ。

苦手科目というのは、嫌いな科目のことだと思っていたのですが、ここまで勉強してきて、デキるようになると嫌いではなくなる、苦手ではなくなるんだと気がつきました。

「デキる」「わかる」と、得意になり、得意な科目は勉強するのも楽しくなる。【要領その16】でわからない勉強を続けると悪循環に陥るという話をしたが、その逆のパターンだね。

だけど、もともと学校の試験ではそれなりに高得点が取れていて、得意だと思っていた科目で、意外と点が取れないものがあることもわかりました。

得意だという思い込みから、入試向けのトレーニングをしていなかったんじゃないかな。でも大丈夫。定期テストで結果が出せているなら理解力はあるということだ。そのギャップを埋める方法をこれから考えよう！

「受験に根性論は不要。残り少ない時間を、どの科目にどれだけ配分するか。時間当たりの得点を最大化する戦術が成功のカギを握る」

要領
その32

解答は誰かに採点されるもの。採点者に見せるという意識で常に書け。

論述試験では、採点する側が読みやすい解答、論旨がわかりやすい解答、誰が見ても読める字で書かれている解答でないと、ろくな点をつけてもらえない。せっかくシッカリ書けていても、字が汚くて読めないと判断されたら元も子もない。ノートを書くときは消しゴムを使うな、書きなぐれと教えたが、もちろん、試験ではそれをやってはいけない。

模試のときだけでなく、家で過去問をやる際も、自分の解答を読み返して、採点者から見て読みやすいかどうかを常にチェックする姿勢が大切だ。“書きなぐり”がクセになっているひとは要注意だ！

【要領その21】では出題者の立場になって考えろというアドバイスをしたが、今度は採点者だ。自分が採点する立場になって解答を見ると、改善点が見えてくる。

友達と答案を見せ合うのもよさそうだと思いました。

実際にひとに見てもらうのもいいね。気のおけない友人に、キビシイ意見をもらうといい。論述試験でもマークシートでも、「自分に足りなかったこと、改善すべき点を洗い出して修正する（補う）」というのは、同じことだ。欠点をたくさん指摘してもらえたらありがたいと思おう！

読解力が足りないとか、相手のせいにしないように肝に銘じます…！

「まったく手が出ない問題でも、白紙で提出するな。私はこう考えた、この方針までは思いついた、ということを書くだけで中間点をくれる採点者もいる。採点者の気持ちになってみればわかるだろ？」

要領
その33

センター試験の科目はコストパフォーマンスで選べ。

コレ！

二次試験とセンター試験で同じ科目を受ける必要はない！　理系の受験生の文系科目や、文系受験生の理系科目は、なるべくコストパフォーマンスのいい科目を受けるのが鉄則だ。

真紀は、東大の二次試験は世界史と地理、センター試験では世界史と政治経済を選択した。東大の二次試験では、地理が比較的覚えることが少なく、論述力が問われるのに対し、センター試験では覚えることが多いので、覚えることが少ないわりに点数の見込める政治経済を選んだのだ。理科で地学を選んだのも同じ理由から。違う科目を選んだほうがコスパがいいこともあると知ろう。

センター試験で要求されるのはなんだと思う？

基礎学力です。

センター試験の目的は、「良質な基本問題で基礎学力を測る」こと。キミの答えは正解といえば正解だ。授業で習った科目を選択してコツコツ勉強し、どの科目も8割取れたら理想的だろう。けれど、それではいくら時間があっても足りない。最小時間で最大効果を上げ、センター試験で結果を出す……そのための戦術力こそ、センター試験でもっとも求められるものだと私は考えている。

確かに、センターは科目も多いし、全部まんべんなく勉強するのは大変そうです。

センター試験は、難関大学の二次試験や私立大学の入試に比べて、圧倒的に対策が立てやすい。詳しくは『和田式要領勉強術　センター試験突破マニュアル』にまとめてあるので、対策の参考にしてほしい。

「これ以上の点を取ろうと、欲はかかなくていいぞ。2か月で8割まで伸ばせても、9割取ろうと思うとさらに2か月も勉強しなければならなくなる」

要領
その34

丸暗記が必要な科目は直前期が勝負。忘れる前に試験を受けるつもりで、直前まで勉強を続けろ。

　和田式の受験勉強では、英数を先行させるというのは前にも述べた。暗記ものの科目は、間隔が空くとすぐに忘れてしまうからだ。

　早い段階に暗記ものの科目の準備をすると、記憶のメンテナンスのための復習回数が増え、結果的に多くの時間を割くことになる。できるだけ全体の受験計画の後半に集中的に取り組み、忘れないうちに本番を迎えるのが合理的だ。

　とくに地歴や生物、化学などは短期集中型の勉強でグングン伸びる。それまでの模試などでは不安になるかもしれないが大丈夫。最後に一気に仕上げるつもりで、直前まで勉強を続けよう！

ちょっと“一夜漬け”みたいですね。

“一夜”ではないが、考え方は近いね。どちらも、「忘れる前に試験を受ける」勉強法だ。

得意科目でも暗記ものだったら直前にもってきたほうがいいんですか？

【要領その16】で出てきた“勉強グセ”をつけるのに好きな科目を勉強するのもいいし、苦手科目をカバーするポイントゲッターとして時間をかけてシッカリ育てていくのも戦術だ。和田式のやり方では英数先行が基本だが、それはあくまでも「基本」。100人受験生がいれば100通りのベストな受験計画がある。周りに流されずに、自分にとって最良の選択をしよう！

「最初はできる人のマネをしてもいい。そのうち、自分にいちばん合ったやり方に出会う。そこを見逃してはいけない」

要領
その35

実戦演習をやるときは見直しの時間や、マークの時間も含めて制限時間を設けろ。

自宅で過去問演習をやるときは、「本番の制限時間×0.8」で問題を解くことを目標にトレーニングを積もう。問題を早く解ければ、それだけ見直しの時間が増え、ミスを発見できる確率が上がる。

スピードアップをはかるには、英文の速読力、迅速・正確な計算力の向上が欠かせない。どちらも一朝一夕では難しい。できるだけ早い時期から取り組んでおきたい。

また、本番ではマークを写すのも、氏名・受験番号・受験科目などの記入・確認も制限時間のうちにしなければならない。本番でパニックにならないためにも、時間のコントロール術をマスターしておこう！

友達が学校の定期テストで名前を書き忘れて0点になっていました……かわいそう！

試験本番は、定期テストの何倍も緊張しているはずだ。キミもそういうミスをしないとは言い切れないぞ。解答は見直しをしたのに、氏名や受験番号は見直しせず、試験が終わったあとに、ちゃんと書いたか不安になる受験生も多い。そんな状態では次の試験に集中できない。演習の段階から、制限時間で問題を解き、見直し時間を確保するクセをつけておくのが重要だ。

制限時間いっぱい使っても、解くだけでぎりぎりの場合は、8割の時間にしたら、全部解けないですよね。ぎりぎりまで解くよりも2割の時間は見直しにあてたほうがいいんですか？

設問に目を通したときに、全部解けると思ったのなら進めるのもいいが、これは解けそうにないという問題があれば、それを残して、点数が取れる問題を確実に取ったほうがいいだろう。

「難問を捨てて見直しの時間にあてるか、それとも見直しの時間を削って難問に取り組むか。堅実なのは前者、受験では“捨てる勇気”を持つヤツが強い」

要領
その36

締めきり直前は
集中力・暗記力が冴え、
実力が伸びるとき。
ペースを落とすな。

直前期になると、「デキていないこと」に目がいってしまい、もう無理だとマイナス思考に陥る受験生もいる。だが、冷静に自分を振り返ってみよう。4月頃と比べたら問題を解くスピードも倍くらいになっているはずだ。的が絞れているから無駄も少なく、集中力・暗記力も冴える。

総合的に考えると、直前期には4月頃の5、6倍の勉強ができるはずなのだ。すると、2か月で1年分の勉強も夢ではない。もう時間がないなどと諦めるのはもったいない。この時期に思い切り勉強するべきだ。

運動部でハードに部活を続けていたひとが、引退してからグンと実力を伸ばすことも多いという話はすでにしたね。これも集中力のなせるワザ。自然と集中力の高まる締めきり直前の時間を有効に使おう！

確かに、受験勉強をはじめてすぐの頃は、勉強計画を立てるだけで時間がかかっていましたが、今は、やるべきこと、デキないことがわかっているので、すぐに取りかかれます。

その分、勉強に使える時間は増えている！　時間が足りないと嘆くより、使える時間を無駄なく使って、試験当日までレベルアップを目指そう。

過去問や予想問題集で、本番をシミュレートしながら、“穴”をつぶすんですね。インプット時期よりも「デキている」感覚があって楽しいです。

その感覚をたいせつに、「デキないこと」が見つけられた分だけ「デキること」が増える、そう思って取り組もう！

「気分がめげたら、合格したあとの自分をイメージしろ。やり方が正しく、自分を信じて勉強を続けられれば、必ず合格の最低点は取れる」

要領
その37

センター試験は10問できるごとに解答を写し取れ。

センター試験などのマーク式解答では、マークミスにより大量失点をしてしまうこともある。問題が解けていても、マークミスしてしまったら、今まで積み上げてきた勉強も全部パーだ。

ミスをしないためにも、10問解けるごとに写し取り、大量のミスを防ぐことが欠かせない。さらには、大問ごとの最後の解答をマークした時点で、問題冊子と解答用紙の「解答番号」が一致しているか確認しよう。

日々のトレーニングで10問ごとに解答を写し、大問ごとにチェックする“クセ”をつけて試験本番に臨みたい。

問題の中には、「選択肢から2つ選べ」というようなものもある。その指示を見落とし、1つしかマークしなかった場合、ここから解答欄がずれることもある。気付かないまま答案を提出してしまったら…。

ひ～～！　考えただけで恐ろしいです。

最後までいってズレていることに気付けたとしても、終了時間が迫っていたら、修正することもできない。

こまめにチェックすることが大事なんですね。

その通り。さらに終了10分前に、すべての問題を解き終えた時点での見直し時間を確保できれば安心だ。【要領その35】ででてきた「制限時間×0.8」でのトレーニングには、これも含まれている。

「もう十分練習したはずだが、 10問ごとにきちんと書き写していけよ。ずれてマークしたら元も子もないからな」

要領
その38

試験開始の3時間前に起きる習慣をつけろ。開始時に頭が全開になる。

寝不足の頭、寝起きのぼんやりした頭では試験で実力が発揮できないのは言うまでもない。

試験の当日だけ、試験開始3時間前に起きようとしても、頭がぼーっとするだけだ。少なくとも試験1か月前には「朝型」の生活リズムを作り上げておきたい。とくに、それまでずっと"夜型勉強"でやってきたひとは、朝型の生活に慣れるまで時間がかかるので注意が必要だ。

直前期の追い込みは、試験本番を見据えて、試験の時間割を意識した勉強にシフトしていこう。

試験の時間割を意識した勉強とは、具体的にどういうことですか？

本番と同じ時間帯で、試験科目と同じ過去問演習をするなど、体と頭を試験の流れに慣らしておくことだ。起床時間、休み時間、終了時間なども試験当日に合わせて設定してみよう。休み時間に次の科目に頭を切り替えるトレーニングもできる。

本番当日の休み時間の過ごし方のアドバイスはありますか？

答え合わせは絶対にしないようにしよう。終わった試験のことをアレコレ考えても意味がない。間違えたことが発覚して落ち込んだ気分のまま次の試験に臨むと、気力も集中力もダウンする。それを避けるためにも、休み時間には、自分の気持ちを切り替えられる“スイッチ”を作っておきたい。音楽を聴くのでもストレッチをするのでもいい。キミなりの“スイッチ”を決めておこう。もう試験本番はすぐそこだ！

要領ファイナル

ゴールは常に次のスタート！

合格がゴールではない。
新しいステージのスタートだ。
受験で身につけた力をどれだけ発揮できるかでまた次の花を咲かせられるかが決まる。

受験で勝ち抜けば、社会でも勝ち抜ける！

和田秀樹

私のはじめての映画監督作品『受験のシンデレラ』には、「格差社会は必ず生き抜いていける」というメッセージを込めた。

これからの日本はますますアメリカ型の学歴社会になるだろう。学歴による収入の格差は、今までとはくらべものにならないほど大きくなっていくはずだ。

しかし、格差社会はチャンスの時代でもある。能力があれば、あるいはシッカリ勉強をすれば、いい大学を出て“勝ち組”になることができる。昔は、東大を出ても、ほかの大学を出てもそれほど給与に大きな差はなかったが、これからは違う。受験で勝ち抜けば、社会に出ても勝てるのだ。

受験で身につくのは学力だけではない。受験勉強をやり抜けば、社会人になっても有利な、以下のような能力が身につく。

①知識の取得能力（記憶力）
②知識の加工能力（推論能力）
③自己分析・自己修正能力（メタ認知能力）…模擬試験を受けたときなどに、自分の足りない部分を認知し、それを修正することができる。
④合計点主義・合格点主義…できないことがあったり、満点でなくても、求められていることを見抜く能力が身につく。
⑤自己管理能力…自分を律する能力。
⑥情報収集能力、情報作成能力…必要な情報を収集する能力。
⑦共感能力・協同能力…他人の気持ちがわかる、他人と協力しあう能力。受験勉強は足の引っ張り合いをするよりも、教え合い、協力しあうほうが合格できるからだ。
⑧忍耐力…やりたくないことを我慢して続ける能力

勉強を一生懸命してきたひとは、学力だけでなく、心も強くなる。

ここで紹介している勉強法で、使えると思ったものはどんどん取り入れ、実践して、合格を目指してほしい。

そして、受験で身につけた能力を発揮して、これからのキビシイ学歴社会を生き抜いていってほしい。やる気をもって、賢いやり方できちんと勉強し、諦めなければ、必ずこの学歴社会の勝者になれる。

受験で勝つための参考書

【受験の要領38箇条】は、和田式で提案している勉強法の重要なテクニックを抜き出してまとめたものだ。本書では、映画では描き切れなかったことを解説したが、ひとりで受験勉強を進めようとすると、まだまだわからないことも多いだろう。

そのときには、次の参考書を頼りにしてほしい。どの本にも、キミたちの努力を最大限に活かす勉強法、試験の攻略法をわかりやすくまとめてある。

1 新・受験勉強入門 勉強法マニュアル

【要領その1】スタートレベル・チェック、【要領その8】「和田式カード」作成方法などを収録。

2 新・受験勉強入門 合格ガイダンス

【要領その13】「合計点主義」、【要領その17】「週5日制」計画プランなどについて解説。

3 新・受験勉強入門 参考書ファイル

参考書選びに迷ったときに力強い味方になる1冊。厳選した228冊の参考書のデータとその活用方法を盛り込んでいる。

4 和田式要領勉強術 数学は暗記だ！

【要領その2】「暗記数学」の勉強法を徹底的に伝授！

5 和田式要領勉強術 センター試験突破マニュアル

【要領その33】など、センター試験の科目選び、科目別の攻略法を紹介。

6 赤本の使い方 赤本を制した者が受験を制す！

【要領その29】赤本による志望校の分析法、計画作成から勉強法までを詳細に解説。

7 ケアレスミスをなくす50の方法 大学受験 合格への鉄板テクニック

【要領その6】で紹介した「ミスらんノート」の作り方のほか、ミスをなくすテクニックを紹介。

8 受験本番に勝つ！ 77の作戦

【要領その28】睡眠不足は受験の大敵、【要領その30】ときには「丸暗記」も必要など、「本番で実力を出し切る」ための“ちょっとしたコト”で心をサポートする。

9 受験計画の立て方

【要領その17】「週5日制」の月間計画表のほか、すぐにはじめられるお試し3日間計画表など、受験計画のすべてがここに。

和田秀樹（わだひでき）

1960年大阪府生まれ。東京大学医学部卒。臨床心理士、日本精神分析学会認定精神療法医、日本精神神経学会精神科専門医。日本映画監督協会理事。東京大学医学部卒業後、東京大学附属病院精神神経科助手、アメリカ・カールメニンガー精神医学校国際フェロー等を経て、現在、国際医療福祉大学大学院教授（臨床心理学専攻）、川崎幸病院精神科顧問、和田秀樹こころと体のクリニック院長。専門は老年精神医学、精神分析学、集団精神療法学。1995年から1年間、週1回神戸の震災の被災者のグループ治療のボランティアを行う。2011年から現在にいたるまで、福島県で原発の廃炉作業や除染を行う職員のメンタルケアのボランティアを続けている。『感情的にならない本』（新講社）、『受験に勝利した親子が実践したストレス克服法』『受験計画の立て方』『数学は暗記だ！』（すべて小社）など著書多数。映画監督としては、『受験のシンデレラ』で第5回モナコ国際映画祭最優秀作品賞、『「わたし」の人生』で第11回モナコ国際映画祭人道的作品監督賞受賞。

受験のシンデレラ DVD ブック

2016年 8月13日　初版第一刷発行
2016年10月27日　初版第二刷発行

著者　和田秀樹

ブックデザイン　秋吉あきら　岩井康子（アーティザンカンパニー）
構成　山口美生
編集協力　日守 研　秋田貴之
映像協力　小西 透（クロマ）
編集　小宮亜里　柴田みどり

発行者　田中幹男
発行所　株式会社ブックマン社
〒101-0065　東京都千代田区西神田3-3-5
TEL 03-3237-7777　FAX 03-5226-9599
http://bookman.co.jp

印刷・製本　図書印刷株式会社
ISBN 978-4-89308-865-9

12～1月	ける。	（マセマ出版） こちらは2分冊。ⅠA同様、概観を掴むことが重要。	漢文の基礎は句法が理解でき、それが暗記できているか、それだけが勝負。分量はそれなりに多いが、1冊でそれを完全制圧できるので、やる価値は高い。	いうことではないので、その対策として『**30日間完成スピードマスター 世界史問題集 世界史B**』（山川出版社）を併用する。これによって「なんとなく」読み進めてしまうことを防止し、センターレベル程度の用語理解、暗記も両立させていく。また、長い期間を取ってあるのは何度も繰り返して読んでいってほしいということ。誰も一度で覚えることなど期待していない。何度も読んで、何度も書いていくことで初めて暗記というものは成立するものであり、効率性が高い計画だからといって勉強自体の手間が少ないものだと勘違いしてほしくない。		
1～2月	**速読英単語 必修編 改訂第6版**（Z会出版） 速読用。今まで醸成してきた精読力を用いて、文章を繰り返し読んでいく。	**チャート式解法と演習 数学Ⅱ+B**（数研出版） 進め方はⅠAと同様だが、数学ⅡBは分量も多く、また入試に出題されることも多い重要な分野であるため、より一層の努力を要する。徹底的に手を動かして解法を理解し、自分のものにしていく。また、ⅠA分野と関連のある解法パターンもあるので、どこかで触れたような記憶があれば、すぐにⅠAをチェックする癖をつけたい。その結果として、ⅠAの復習もできる。将来的には複数の解法を組み合わせて使っていくので、今の時期から解法同士の関連性について意識しておくこと。				
2～3月	**大学入試英作文ハイパートレーニング和文英訳編**（桐原書店） 例文暗記。和文を見ればすぐに訳が出てくるレベルまで暗記すること。 （この2冊は併行）		**古文上達読解と演習56**（Z会出版） 読んで鍛えていく古文教材。助動詞、敬語、古文常識、単語の知識を総動員できるようにし、どこで何が求められるかを知る。また、分量も程よく多いので、効率的に実力を高めていくことができる。			
3～4月	**構文把握のプラチカ**（河合出版） 精読レベルはこのくらいまででOK。1文1文を丁寧に吟味し訳していく。				**山岡の地理B教室 PART1／2**（ナガセ） この参考書で地理の概観を掴む。知識や暗記に固執することなく、「自然と」身につくように何度も読んでいく。そうするだけでも十分に実力が身についていく地理の名著。そして、地理の勉強の仕方を短期間で習得していく。	
4～5月	**精読のプラチカ**（河合出版） 本格的な長文読解に突入。繰り返し読み込んで解釈力に磨きをかける。		**入試精選問題集 古文**（河合出版） 実際の入試問題にチャレンジしていくことで、古文の「読み慣れ」を作る。			
5～6月	**［入門編］英作文のトレーニング**（Z会出版） 構文暗記で培ってきた力を作文に転換させるための起爆剤。	**大学への数学 1対1対応の演習 数学Ⅰ／A／Ⅱ／B**（東京出版） 東大に出題されるような「黄チャート」レベルよりも難度の高い入試問題を解くために必要な、より高度な解法を仕入れていく。特に数学A、Bの分野にはそのまま入試に直結する解法も多いので注意して理解したい。その意味で全ての解法を吸収していく意欲さが必要	**漢文道場 入門から実践まで**（Z会出版） 句法理解を実際の読解にどのように活かせばよいのかを知るにはもってこいのテキスト。句法の確認を行いつつ、読解及び現代語訳に積極的に取り組むとともに、設問の解き方についても習得していく。	**はじめる世界史 要点＆演習**（Z会出版） 問題を解くことで流れを掴み、用語暗記を堅固たるものにする。	**詳説地理ノート**（山川出版社） 「読む」ことがメインの作業となる「山岡」の知識を定着させるのに用いる。徹底的に書き込みをすることで、基礎知識を身に染み込ませる。世界史よりは知識量としては少ないので、一気に進めよう。 （2冊併用）	
6～7月	**英文和訳演習 中級編**（駿台文庫） 「点の取れる」和訳を目指し、和訳文自体の内容も深く考えていく。			**荒巻の新世界史の見取り図 上／中／下巻**（ナガセ） 長期間かつ多岐にわたる世界史を一度ここで概観し、「点」の知識を「線」としてつなげる。これが論述問題を解くうえで非常に重要となる。		〈地学基礎〉 **『【センター試験】安藤雅彦 地学基礎講義の実況中継』**（語学春秋社）を読みながら**『地学基礎 書き込みサブノート』**（旺文社）で基本事項を固める。2～3ヶ月。 実況中継の講義調の参考書は、理解しやすく読みやすいが、わかったつも
7～8月	**速読のプラチカ**（河合出版） 長文読解を通して、読み		**入試精選問題集 漢文**（河合出版） 東大の漢文は解釈重視。		**はじめる地理 要点＆演習 改訂第2版**（Z会出版） 問題を解きながら使える	

受験計画表

センター試験目標得点

科目別一覧表	センター試験	
	目標点	配点
英語	190	200
数学	180	200
国語	170	200
世界史	90	100
地理	85	100
地学基礎＋生物基礎	75	100
合計	※790	900

※リスニング除く

月	英語	数学	国語	世界史	地理	地学基礎+生物基礎
8～9月	**入門英文問題精講 3訂版** （旺文社） 現在の入試傾向を反映させた精読用問題集。文の構造を捉えることに注意しながら和訳をしていく。また、それを模範解答と照らし合わせて評価することで、汎用的に使える精読力を磨くことが目標。	**スバラシク強くなると評判の元気が出る数学I・A** （マセマ出版） わかりやすく詳細な解説を用いて、数学I Aのスムーズな導入を図る。				
9～10月		**新課程チャート式解法と演習数学I+A** （数研出版） 『元気が出る数学』で学んだ基本的な解法をベースに数学I Aの解法暗記を進める。基本的な解法パターンを逐一暗記していくことで､｢努力｣で数学を克服することを目指す。覚えるべき解法パターンは多いが、復習を重ねて覚えたものを確実に定着させることが肝要。				
10～11月	**高認対策**		**マドンナ古文単語 230 パワーアップ版** （学研） 頻出語句を効率的に暗記し古文を読めるようにする。 **ステップアップノート 30 古典文法基礎ドリル** （河合出版） 文法の知識の定着を図る。 （2冊併行）	**これならわかる!ナビゲーター世界史 B 1～4** （山川出版社） この参考書を教科書代わりに使うことで、世界史の大きな流れをまず理解する。しかし、知識の暗		
11～12月	**基礎英文解釈の技術 100** （桐原書店） より高度かつ、複雑な英文に耐えうる実力をつけるための参考書。和訳しにくいタイプの英文を読み解く技術が紹介されており、実践的。どんな英文					
		スバラシク強くなると評判	**漢文ヤマのヤマ**			